Impressum
Verlag: BABADADA GmbH, Nedderfeld 112 , 22529 Hamburg
Geschäftsführer / Verlagsleitung: Harald Hof
Druck: Books on Demand GmbH, In de Tarpen 42, 22848 Norderstedt

Imprint
Publisher: BABADADA GmbH, Nedderfeld 112 , 22529 Hamburg, Germany
Managing Director / Publishing direction: Harald Hof
Print: Books on Demand GmbH, In de Tarpen 42, 22848 Norderstedt, Germany

baba

sekolah

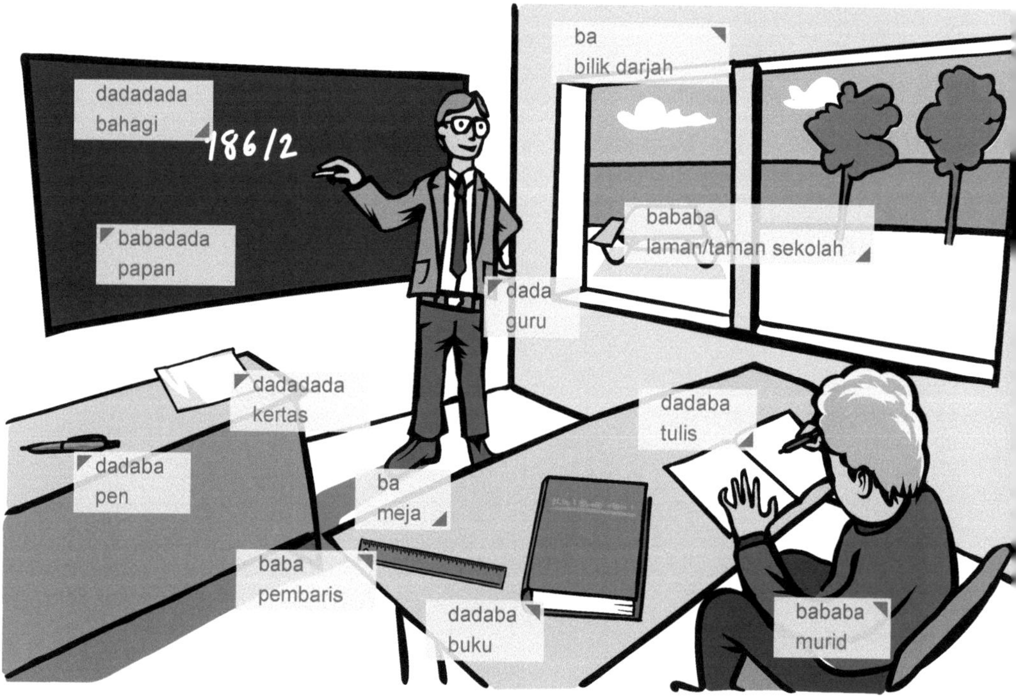

ba
bilik darjah
dadadada
bahagi
186/2
babadada
papan
bababa
laman/taman sekolah
dada
guru
dadadada
kertas
dadaba
tulis
dadaba
pen
ba
meja
baba
pembaris
dadaba
buku
bababa
murid

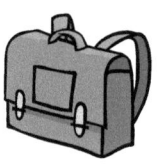

dadaba
beg galas

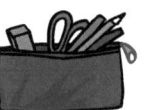

dada
kotak pensel

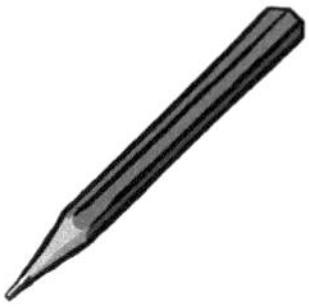

bababa
pensel

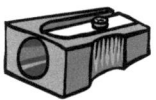

dadaba
pengasah pensel

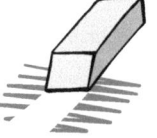

baba
pemadam

ba
kertas lukisan

bababa

melukis

ba

berus lukis

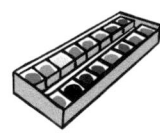

dada

kotak warna

babadada

gunting

dadaba

gam

dadadada

buku latihan

babadada

kerja rumah

bababa

nombor

dadaba

tambah

bababa

tolak

badada

darab

dadababa

kira

babababa

huruf

babababa

abjad

dada

kata

babadada

teks

dadadada

baca

dada

kapur

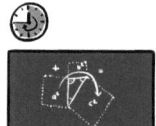

babababa

pelajaran

ba

daftar

baba

peperiksaan

babababa

sijil

babadada

uniform sekolah

babababa

pendidikan

dadababa

ensiklopedia

babababa

universiti

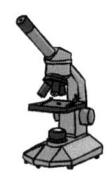

dadababa

mikroskop

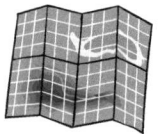

bababa

peta

babadada

bakul sampah

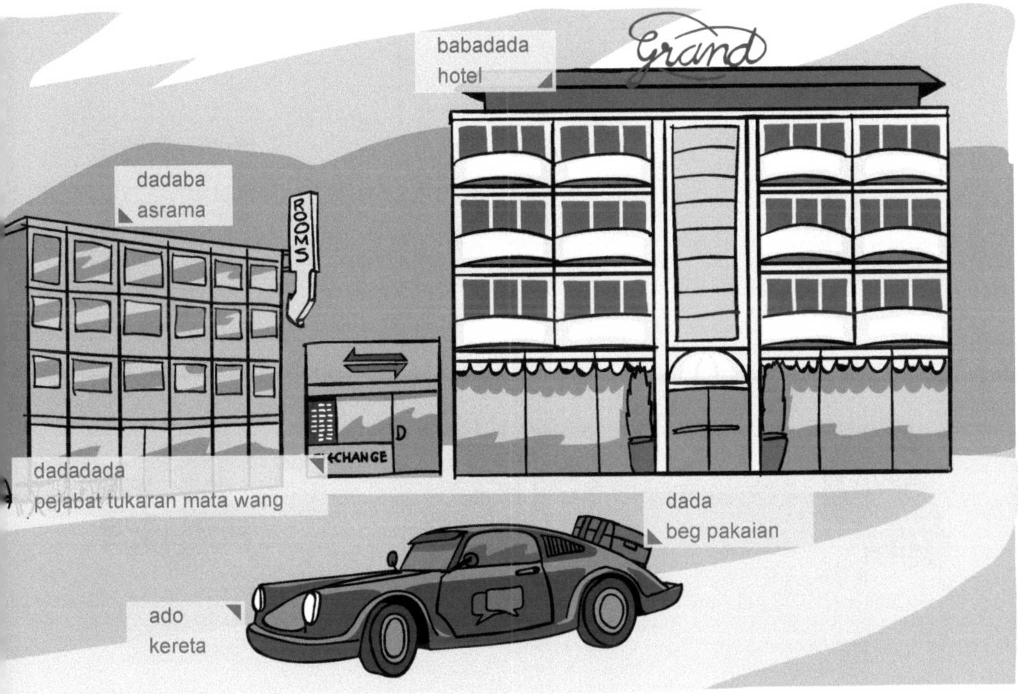

babadada
hotel
Grand
dadaba
asrama
ROOMS
EXCHANGE
dadadada
pejabat tukaran mata wang
dada
beg pakaian
ado
kereta

dadadada
bahasa

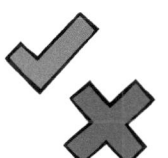

da / meh
ya / tidak

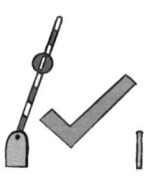

Oh
okey

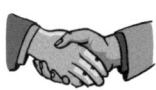

ba
helo

dada
penterjemah

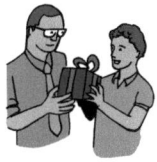

dada
Terima kasih

bababaa

berapa banyak...?

ah

saya tidak faham

dadaba

masalah

ba dada

Selamat petang!

babadada

Selamat Pagi!

heia!

Selamat Malam!

dadaba

selamat tinggal

badada

arah

dada

bagasi

bababaa

beg

bababaa

beg galas

baba

tetamu

dadadada

bilik tidur

dadadada

beg tidur

dada

khemah

dadadada

maklumat pelancong

badada

pantai

babadada

kad kredit

dadababa

sarapan

baba

makan tengah hari

bababa

makan malam

dada

tiket

dada

lif

babadada

setem

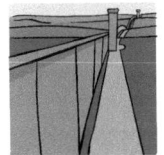

badada

sempadan

dadaba

kastam

babadada

kedutaan

dadaba

visa

dada da da da

pasport

dadadada
pengangkutan

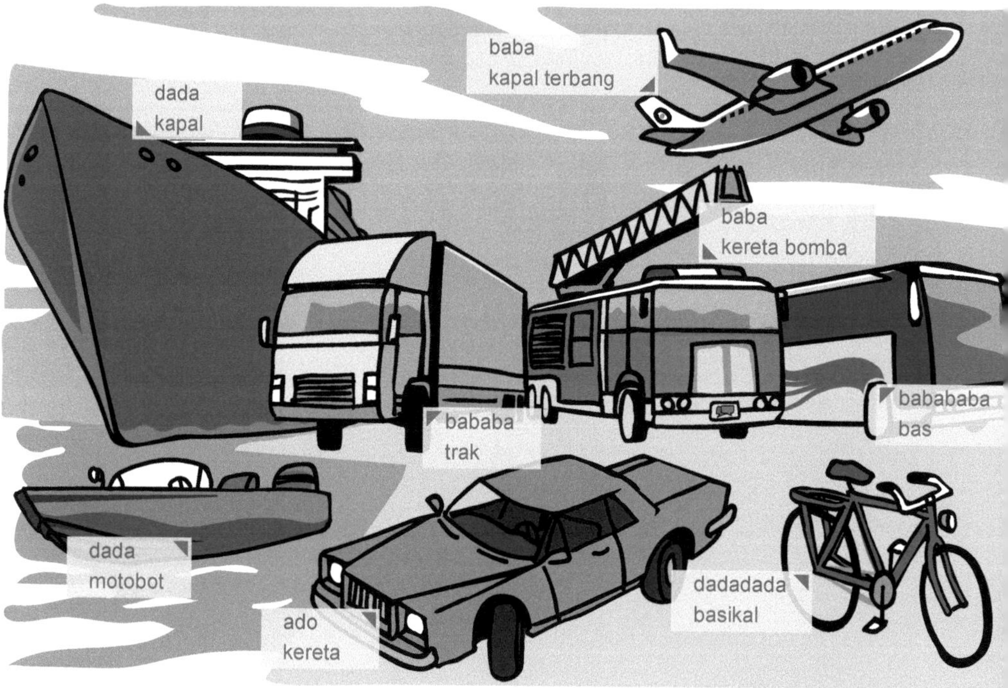

baba
kapal terbang
dada
kapal
baba
kereta bomba
bababa
trak
babababa
bas
dada
motobot
dadadada
basikal
ado
kereta

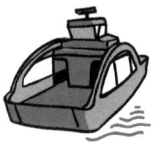

babadada

feri

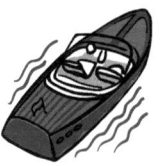

baba

bot

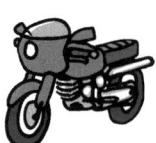

bababa

motosikal

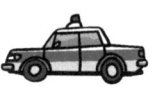

ado

kereta polis

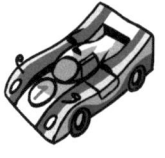

ado

kereta lumba

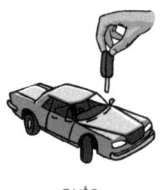

auto

kereta sewa

dada
....
berkongsi kereta

ado
....
trak tunda

ado
....
trak menolak

brumbrum!
....
motor

bababa
....
bahan api

dada
....
stesen minyak

dadaba
....
tanda trafik

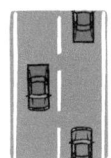

badada
....
trafik

ado ado
....
kesesakan lalu lintas

babadada
....
tempat parkir

bababababa
....
stesen kereta api

dada
....
trek

dadaba
....
kereta api

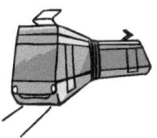

baba
....
trem

dadaba
....
gerabak

baba

helikopter

baba

lapangan terbang

dadaba

Menara

baba

penumpang

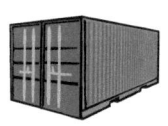

badada

bekas

dada

kadbod

baba

kart

dadadada

bakul

da / bada

berlepas / mendarat

dadaba

bandar

bababa

kampung

dadababa

pusat bandar

dadaba

rumah

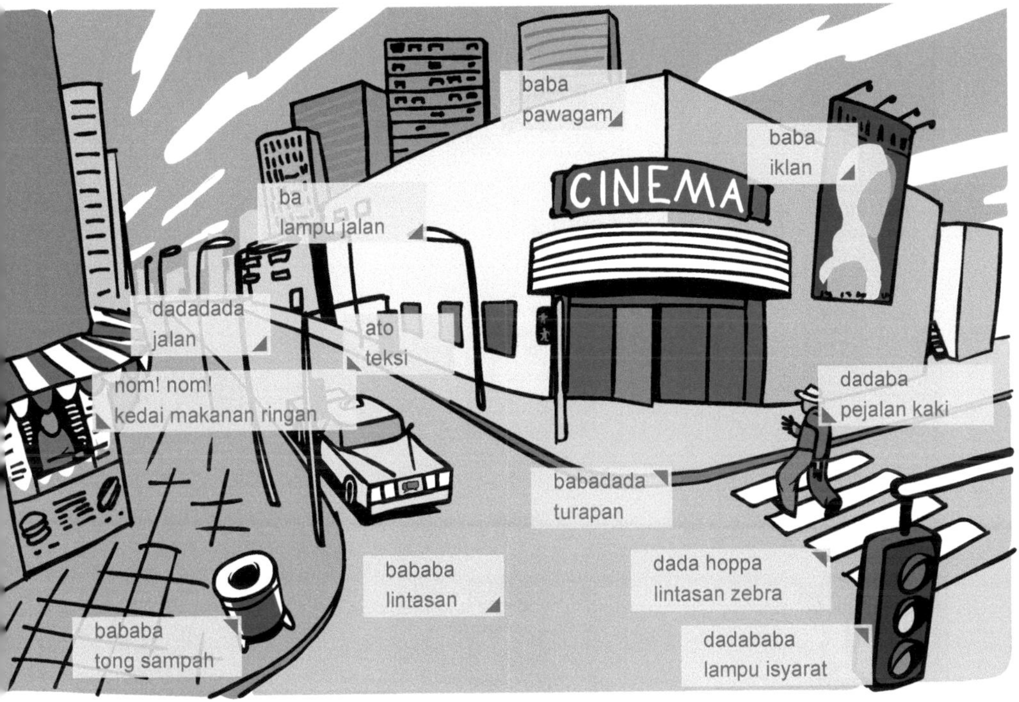

baba
pawagam

baba
iklan

CINEMA

ba
lampu jalan

dadadada
jalan

ato
teksi

nom! nom!
kedai makanan ringan

dadaba
pejalan kaki

babadada
turapan

bababa
lintasan

dada hoppa
lintasan zebra

bababa
tong sampah

dadababa
lampu isyarat

babadada

pondok

dadadada

flat

babababa

stesen kereta api

dadaba

dewan bandar

bababa

muzium

baba

sekolah

babababa

universiti

dadadada

bank

aua!

hospital

babadada

hotel

aua!

farmasi

baba

pejabat

bababa

kedai buku

ba

kedai

dadaba

kedai bunga

dada nom nom

pasar raya

dadadada

pasaran

dadadada

gedung

nom! nom!

penjual ikan

baba

pusat membeli-belah

ba

pelabuhan

dadadada
taman

baba
bangku

bababab
jambatan

dadadada
tangga

bababa
bawah tanah

baba
terowong

ba
hentian bas

babababa
bar

nom nom!
restoran

dadaba
peti surat

dada
papan tanda jalan

baba
meter parkir

bababa
zoo

dada
kolam renang

baba
masjid

dadaba
ladang

dadababa
pencemaran

bababa
tanah perkuburan

ba
gereja

dadababa
taman permainan

bababa
kuil

dada

landskap

baba
daun

baba
tiang tanda

dada
jalan

bababa
padang rumput

baba
batu

dadababa
pokok

dada
pejalan kaki

bababa
sungai

dada
rumput

mama!
bunga

badada

lembah

bababa

bukit

dadadada

tasik

dadadada

hutan

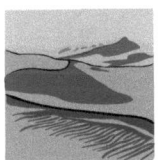

dadababa

padang pasir

dadaba

gunung berapi

babababa

istana

dadaba

pelangi

bababa

cendawan

dadababa

pokok kelapa sawit

aua!

nyamuk

badada

terbang

dadababa

semut

summ summ

lebah

dada

labah-labah

dadaba

kumbang

quak

katak

dadababa

tupai

dadaba

landak

baba

arnab

gackgack

burung hantu

gackgack

burung

gackgack

angsa

babadada

babi jantan

dadadada

rusa

dadadada

moose

dadadada

empangan

ba

turbin angin

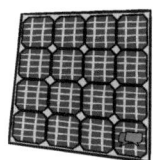

dadadada

panel solar

bababa

iklim

dadadada
pelayan

baba
menu

dadaba
kerusi

nom! nom!
sup

nom nom!
piza

babababa
alas meja

ba
kutleri

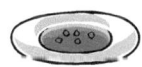

nom! nom!
....
pemula

nom! nom!
....
hidangan utama

nom nom!
....
pencuci mulut

dadababa
....
minuman

nom nom!
....
makanan

nom nom!
....
botol

nom! nom!

makanan segera

nom! nom!

makanan jalanan

babababa

teko

nom! nom!

mangkuk gula

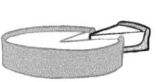

nom nom!

bahagian

dadaba

mesin espreso

bababa

kerusi tinggi

ba

bil

bababa

dulang

ba

pisau

babadada

garfu

dadaba

sudu

bababa

sudu teh

dadaba

serviette

ba

gelas

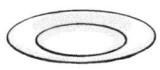

nom nom!

pinggan

bababa

mangkuk sup

bababa

piring

nom! nom!

sos

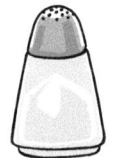

dadadada

tempat garam

dadaba

pengisar lada

bähbäh

cuka

dadababa

minyak

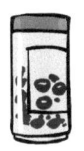

dadababa

rempah

nom! nom!

sos

nom! nom!

mustard

nom nom!

mayones

dada nom nom

pasar raya

dadababa
tawaran istimewa
FOR
dadaba
pelanggan
dadaba
tenusu
nom nom!
buah-buahan
baba
troli

BUTCHERS

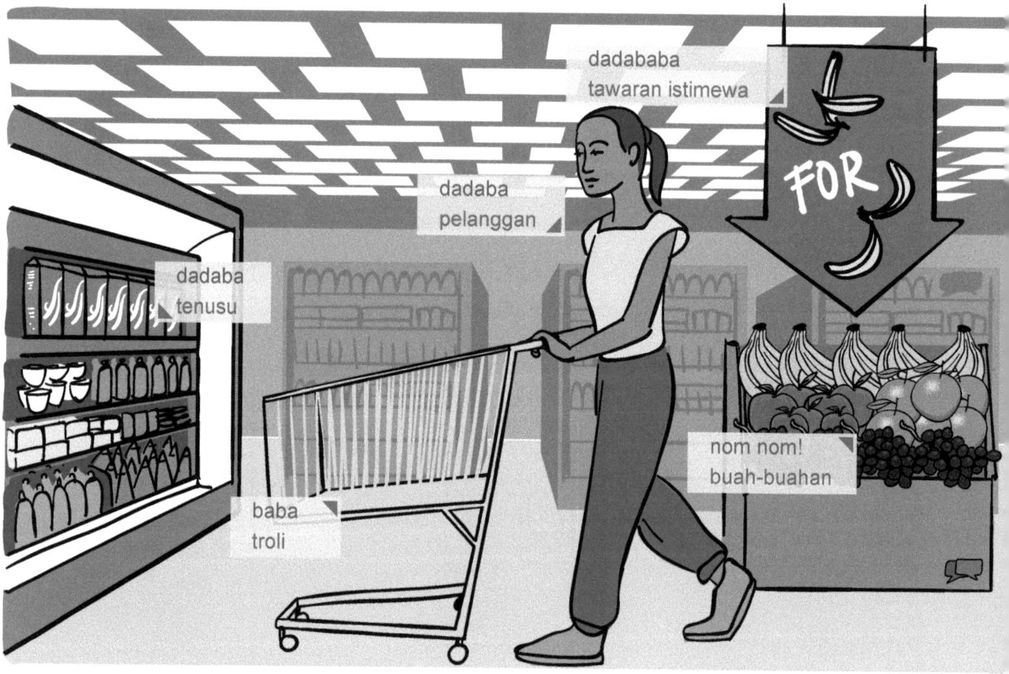

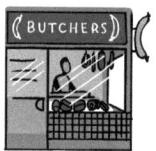

dadaba
tukang daging

BAKERY

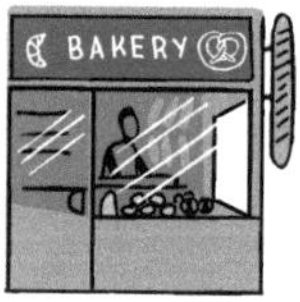

nom! nom!
kedai roti

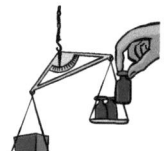

bababa
berat

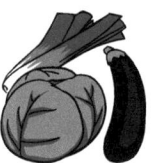

bähbäh
sayur-sayuran

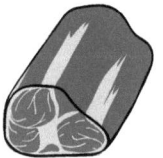

nom nom!
daging

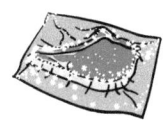

nomnom
makanan sejuk beku

nom nom!

daging sejuk

nomnom

makanan dalam tin

bababa

serbuk pencuci

baba

gula-gula

dadaba

produk isi rumah

dadababa

produk pembersihan

bababa

orang jualan

bababa

daftar tunai

dadaba

juruwang

dada

senarai membeli-belah

dadababa

waktu pembukaan

baba

beg duit

babadada

kad kredit

dadababa

beg

dadababa

beg plastik

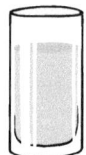

wasa

air

dadadada

jus

badada

susu

ba

kola

bababa

wain

dadadada

bir

dadaba

alkohol

bababa

koko

dadababa

the

dada

kopi

dadaba

espreso

dadababa

kapucino

nane

pisang

nom nom!

epal

bababa

oren

nom nom!

tembikai

nom nom!

lemon

bähbäh

lobak merah

bada meh

bawang putih

dadaba

buluh

dadaba

bawang

nom nom!

cendawan

nom nom!

kacang

nom nom!

mi

nom nom!
spageti

nom nom!
nasi

nom nom!
salad

nom nom!
kerepek

nom nom!
kentang goreng

nom nom!
piza

nom nom!
hamburger

nom nom!
sandwic

nom nom!
kutlet

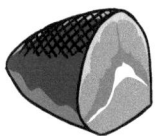

nom nom!
ham

nom nom!
salami

nom nom!
sosej

gack gack
ayam

nom nom!
panggang

nom nom!
ikan

nom nom! - makanan

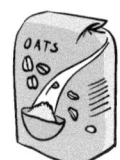

nom nom!

bubur oat

bähbäh

muesli

nom nom!

emping jagung

nom nom!

tepung

nom nom!

kroisan

babadada

roti roll

nom! nom!

roti

nom nom!

roti bakar

nom nom!

biskut

nom nom!

mentega

nom nom!

dadih

nom nom

kek

dadaba

telur

nom nom!

telur goreng

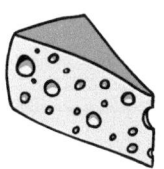

bada muh

keju

nom nom!

ais krim

nom nom!

gula

baba summ

madu

nom nom!

jem

nom nom!

krim nougat

babadada

kari

dadaba
ladang

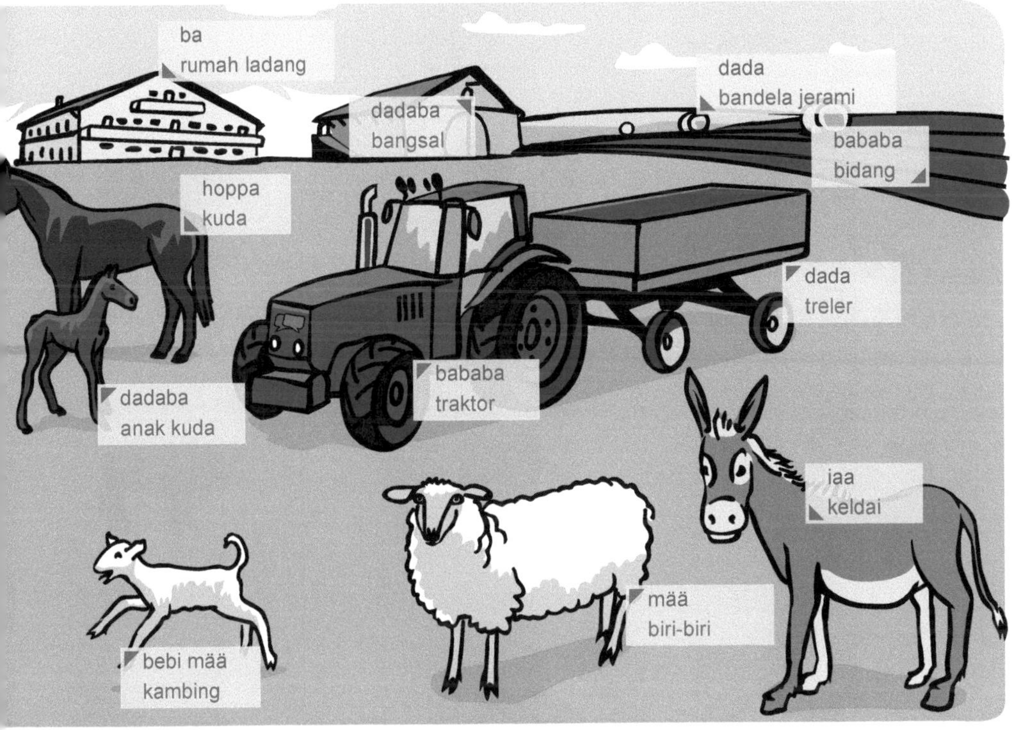

ba
rumah ladang
dadaba
bangsal
dada
bandela jerami
bababa
bidang
hoppa
kuda
dada
treler
dadaba
anak kuda
bababa
traktor
iaa
keldai
mää
biri-biri
bebi mää
kambing

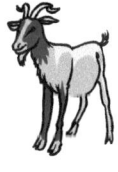

baba

kambing

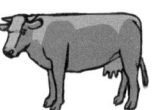

muh

lembu

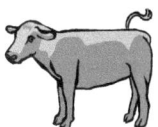

mimuh

anak lembu

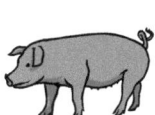

mama oink

babi

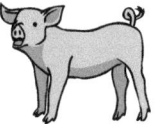

oink

anak babi

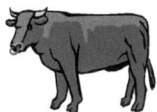

dadadada

lembu

gackgack

angsa

gackquack

itik

gacki

anak ayam

gackgack

ayam betina

gacko

ayam jantan muda

dada

tikus

mau

kucing

bababa

tikus

muh

lembu jantan

wauwau

anjing

wauwau

rumah anjing

baba

hos taman

dadababa

bekas siraman

baba

sabit

dadababa

bajak

baba

sabit

dadadada

cangkul

dada

serampang peladang

bababa

kapak

babababa

kereta sorong

baba

palung

dada muh

tin susu

dadababa

karung

badada

pagar

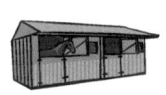

dadadada

stabil

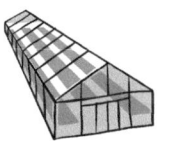

ba

rumah hijau

babadada

tanah

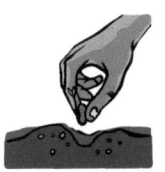

baba

benih

baba

baja

dadababa

jentuai

bababa
....
tuai

dadadada
....
menuai

dadaba
....
keladi

dadababa
....
gandum

dadababa
....
soya

bababa
....
kentang

badada
....
jagung

bababa
....
biji sawi

bababa
....
pokok buah-buahan

dadadada
....
ubi kayu

dadababa
....
bijirin

dadaba
rumah

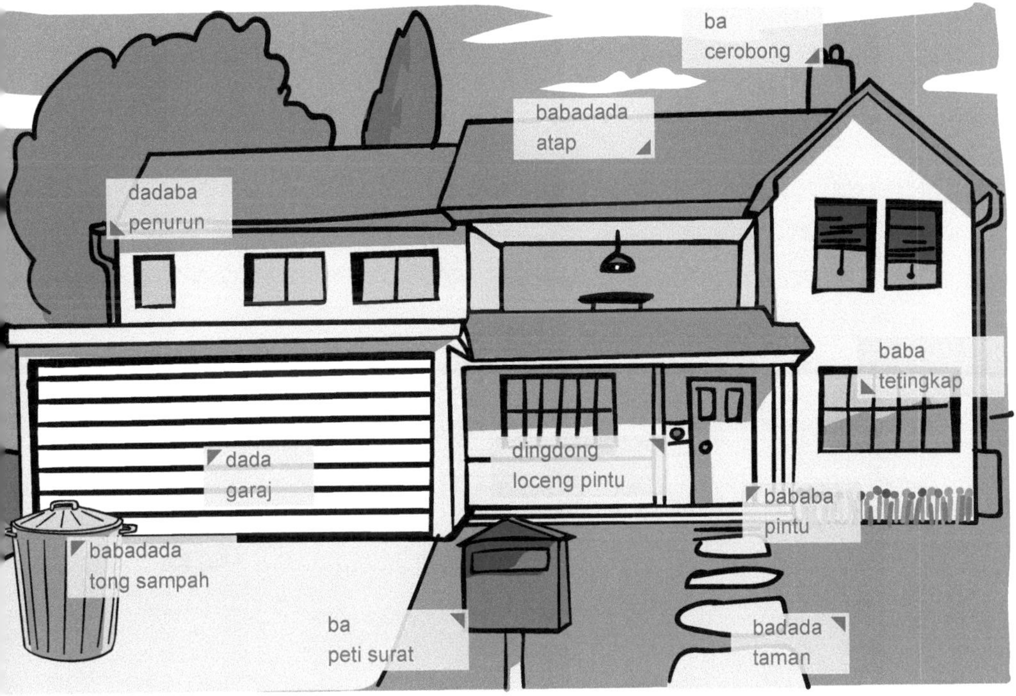

ba
cerobong
babadada
atap
dadaba
penurun
baba
tetingkap
dingdong
loceng pintu
dada
garaj
bababa
pintu
babadada
tong sampah
ba
peti surat
badada
taman

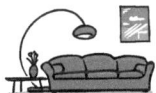

dadadada
ruang tamu

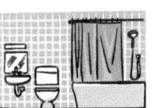

bababa
bilik air

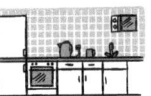

bababa
dapur

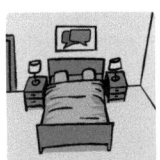

dadababa
bilik tidur

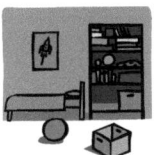

meina
bilik kanak-kanak

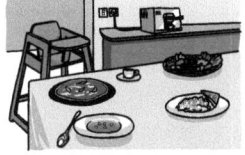

dadaba
ruang makan

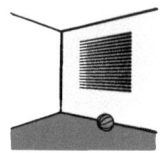

badada
....
lantai

dadababa
....
dinding

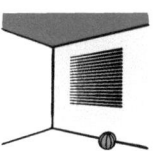

bababa
....
siling

dada
....
bilik bawah tanah

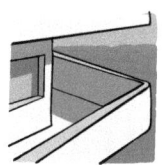

dadababa
....
sauna

babababa
....
balkoni

dadadada
....
teres

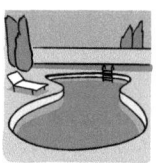

bababa
....
kolam renang

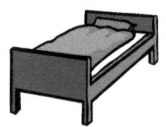

baba
....
pemotong rumput

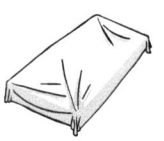

dadaba
....
lembaran

babadada
....
penutup tilam

heia!
....
katil

dada
....
penyapu

dadaba
....
timba

dadababa
....
suis

dadadada
ruang tamu

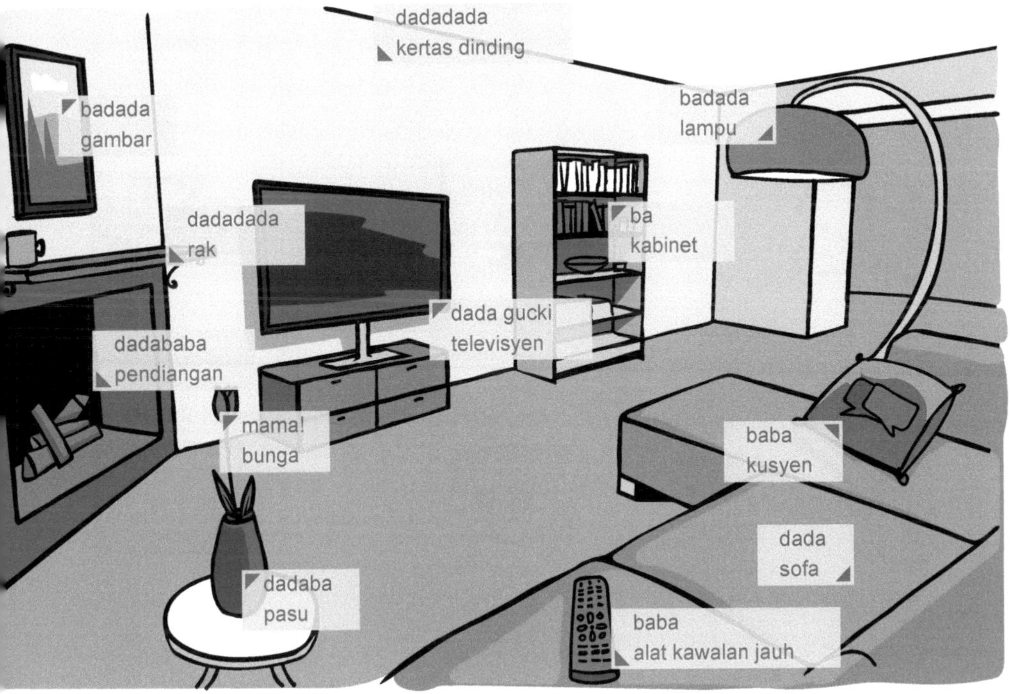
dadadada
kertas dinding
badada
gambar
badada
lampu
dadadada
rak
ba
kabinet
dada gucki
televisyen
dadababa
pendiangan
mama!
bunga
baba
kusyen
dada
sofa
dadaba
pasu
baba
alat kawalan jauh

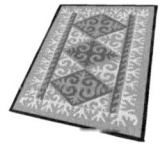

dada
permaidani

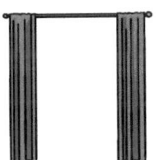

bababa
tirai

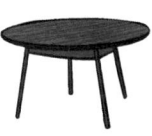

ba
meja

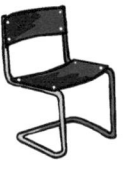

dadaba
kerusi

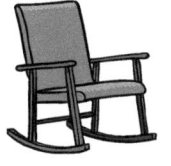

dadadada
kerusi malas

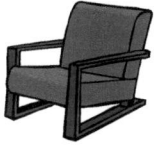

bababa
kerusi

dadaba

buku

dadadada

selimut

dadaba

hiasan

ba

kayu api

dadadada

filem

lala

hi-fi

babadada

kunci

dadadada

akhbar

dadadada

lukisan

bababa

poster

lala

radio

dadababa

buku catatan

babadada

penyedut habuk

aua!

kaktus

babadada

lilin

bababa
dapur

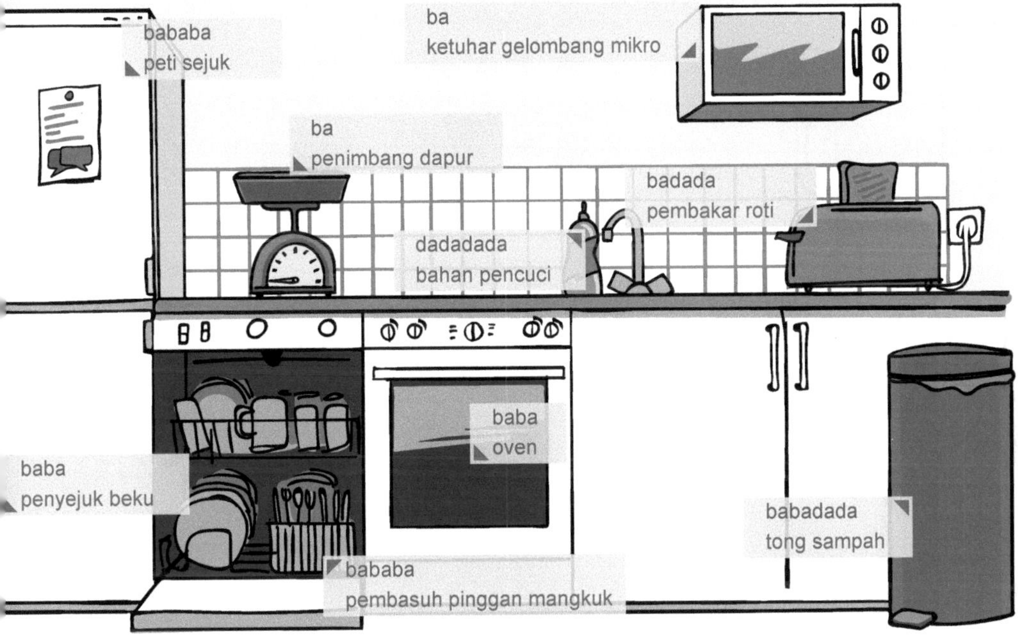

bababa
peti sejuk
ba
ketuhar gelombang mikro
ba
penimbang dapur
badada
pembakar roti
dadadada
bahan pencuci
baba
oven
baba
penyejuk beku
babadada
tong sampah
bababa
pembasuh pinggan mangkuk

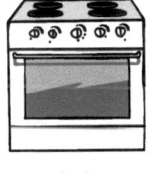

dada

periuk dapur

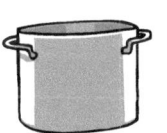

dada

periuk

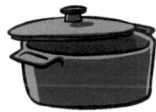

dada

periuk besi

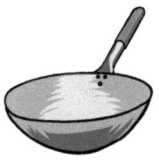

baba / dada

kuali

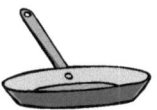

badada

pan

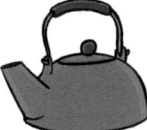

ba

cerek

dadababa

pengukus

bababa

dulang pembakar

dadaba

pinggan mangkuk

dadadada

koleh

dadaba

mangkuk

baba

penyepit

dadaba

senduk

dadadada

spatula

badada

pengadun

dada

penapis

bababa

ayak

baba

pemarut

dadababa

mortar

dada

barbeku

aua!

pembakaran terbuka

dadababa

papan pencincang

bababaaba

pin golekan

dadababa

skru gabus

dadadada

tin

bababa

pembuka tin

dadababa

pemegang periuk

dadadada

sinki

dadababa

berus

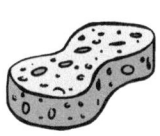

ba

span

aua!

pengisar

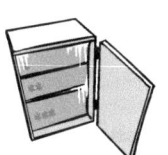

babadada

penyejuk beku

bababa

botol bayi

dadadada

paip

bababa
bilik air

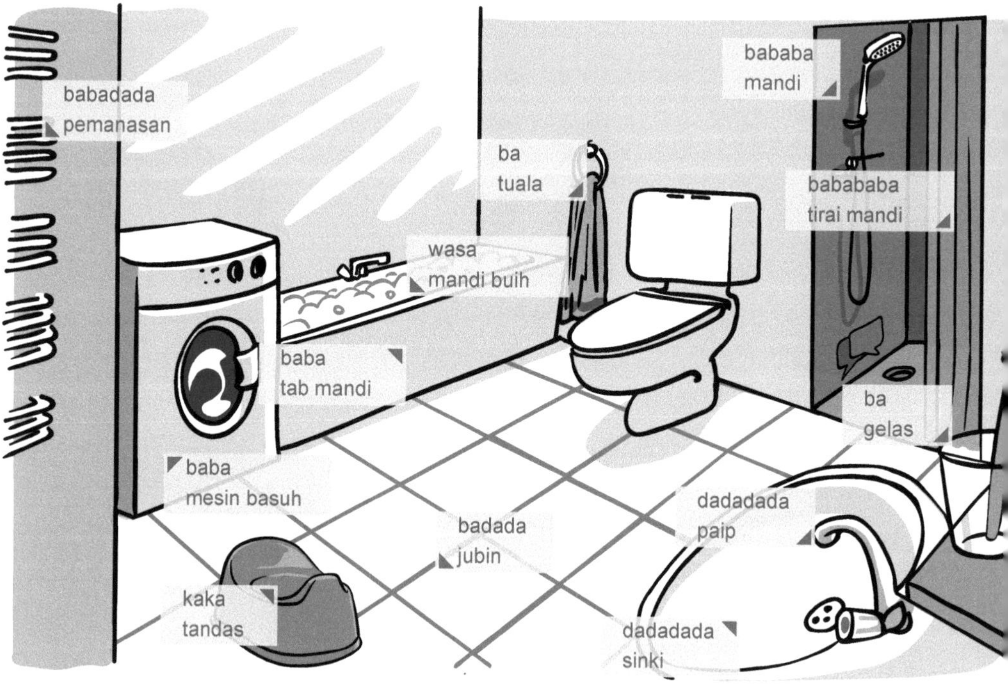

babadada
pemanasan
bababa
mandi
ba
tuala
babababa
tirai mandi
wasa
mandi buih
baba
tab mandi
ba
gelas
baba
mesin basuh
dadadada
paip
badada
jubin
kaka
tandas
dadadada
sinki

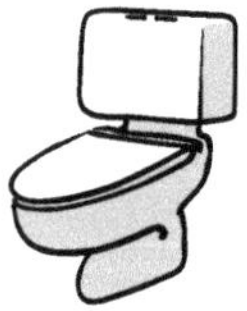
kaka
tandas

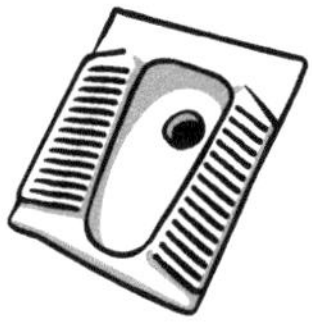
ba
tandas mencangkung

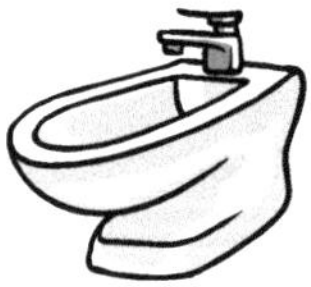
dadababa
mangkuk tandas

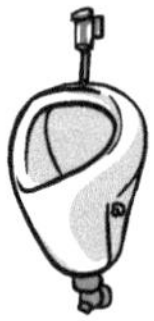
dadababa
tandas awam

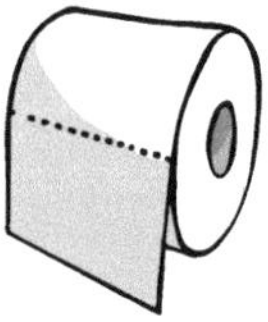
kaka
kertas tandas

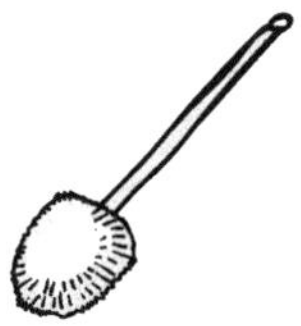
bababa
berus tandas

bababa
berus gigi

nom! nom!
ubat gigi

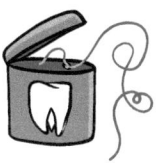

dadadada
flos gigi

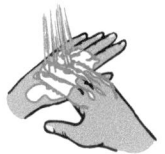

bababa
cuci

babababa
mandian tangan

dadadada
pancuran

badada
besen

dadadada
belakang berus

nom! nom!
sabun

nom! nom!
gel mandian

nom! nom!
syampu

babadada
flanel

dadaba
longkang

nom! nom!
krim

babababa
deodoran

dadadada

cermin

dadadada

cermin tangan

ba

pisau cukur

nom! nom!

busa cukur

nam! nam!

selepas cukur

dadababa

sikat

baba

berus

dadadada

pengering rambut

badada

semburan rambut

dadaba

mekap

mama!

gincu

ba

varnis kuku

bababa

bulu kapas

dadadada

gunting kuku

bababa

pewangi

dadadada

beg basuhan

bababa

bangku

dadadada

skala berat

ba

jubah mandi

babababa

sarung tangan getah

ba

kapas

bababa

tuala wanita

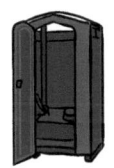

baba

tandas kimia

meina

bilik kanak-kanak

bababa
jam loceng
bababa
mainan kegemaran
auto
kereta mainan
dadadada
kerincing bayi
bababa
rumah anak patung
babababa
hadiah

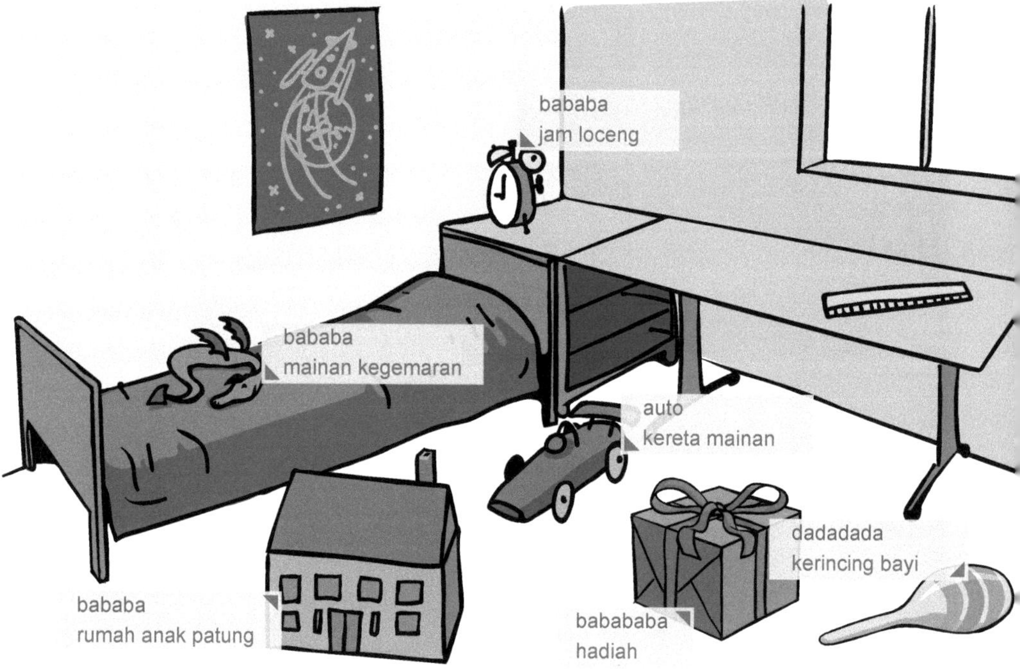

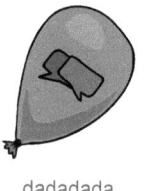

dadadada

belon

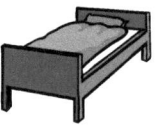

heia!

katil

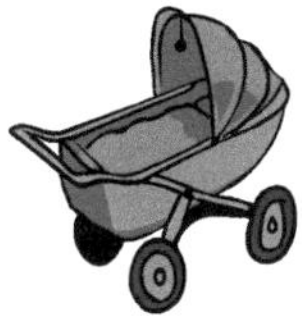

dadaba

kereta sorong bayi

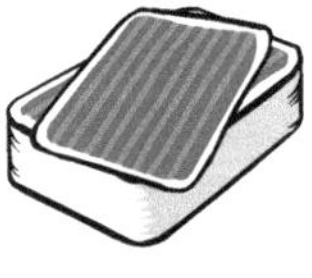

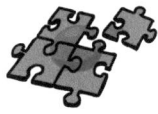

dadababa

set kad

bababa

susun suai gambar

SUPER MEGA

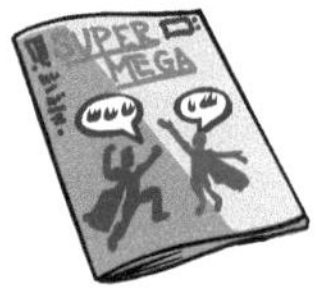

dadababa

komik

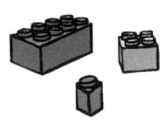

badada

batu bata lego

badada

blok mainan

dada

figura aksi

dadadada

baju bayi

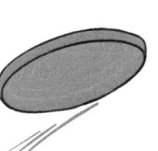

dadaba

frisbee

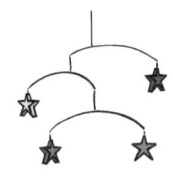

dadaba

mainan bayi mudah alih

ba

permainan papan

baba

dadu

dadababa

set model kereta api

lula

palsu

baba

parti

dadaba

buku bergambar

dada

bola

dada

anak patung

badada

main

dadaba

lubang pasir

babababa

buai

dadababa

mainan

dadaba

konsol permainan video

babadada

basikal roda tiga

dadababa

anak patung beruang

dadaba

almari pakaian

pakaian

dadadada

stoking

ba

stoking

dada

ketat

bababa
skarf

bababa
payung

badada
kemeja-t

selamatan

baba
but

baba
selipar

ba
kasut sukan

bababa	badada	dada
sandal	kasut	but getah

ba	baba	dadadada
seluar dalam	coli	ves

badada

badan

ba

Seluar panjang

bababa

jean

dada

skirt

bababa

blaus

dadadada

kemeja

baba

baju panas sarung

baba

sweater

babadada

blazer

baba

jaket

bababa

kot

dadababa

baju hujan

bababa

kostum

ba

pakaian

dadaba

baju pengantin

dadadada

sut

bababba

baju tidur

heia

baju tidur

baba

sari

dadadada

skarf kepala

dada

serban

dada

burqa

baba

kaftan

dadadada

abaya/jubah

wasa

baju renang

bababa

seluar renang

dadababa

seluar pendek

babababa

sut balapan

baba

apron

babababa

sarung tangan

dadaba

butang

babadada

cermin mata

dada

gelang tangan

dadababa

rantai leher

bababa

cincin

dadababa

subang

dada

topi

babadada

penyangkut kot

dadababa

topi

bababa

tali leher

badada

zip

dadaba

topi keledar

dada

pendakap

babadada

uniform sekolah

babababa

seragam

namnam

lapik dada

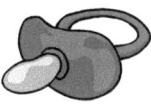

lula

palsu

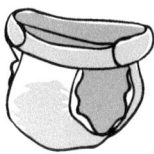

kaka!

lampin

baba
pejabat

dadaba
pelayan

dadababa
kabinet fail

badada
mesin pencetak

dadadada
monitor

dadadada
kertas

baba
tetikus

ba
meja

dadaba
folder

dada
papan kekunci

babadada
bakul sampah

bababa
kerusi

dada
komputer

dada

cawan kopi

bababa

kalkulator

da da

internet

papa!
....
komputer riba

dadababa
....
surat

ba
....
mesej

fon
....
mudah alih

bababa
....
rangkaian

ba
....
mesin fotokopi

bababa
....
perisian

dada bing
....
telefon

aua!
....
soket plag

bababa
....
mesin faks

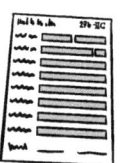

dadaba
....
bentuk

bababa
....
dokumen

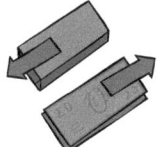

baba

beli

dadadada

bayar

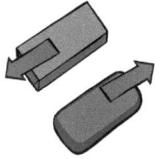

dadaba

berdagang

badada

wang

babadada

dolar

dadaba

euro

bababa

yen

ba

rubel

dada

franc swiss

dada

renminbi yuan

ba

rupee

ba

mata tunai

dadadada

pejabat tukaran mata wang

dadadada

emas

baba

perak

dadadada

minyak

ba

tenaga

dadadada

harga

baba

kontrak

bababa

cukai

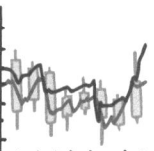

dadadada

stok

dadaba

kerja

dadadada

pekerja

dadababa

majikan

dadaba

kilang

ba

kedai

baba
pegawai polis

dada
ahli bomba

babababa
tukang masak

aua!
doktor

bababa
juruterbang

bababa

tukang kebun

bababa

tukang kayu

baba

tukang jahit

bababa

hakim

dadaba

ahli kimia

dadababa

pelakon

ba
pemandu bas

auto mann
pemandu teksi

bababa
nelayan

dadadada
wanita pencuci

dadadada
kasau

dadadada
pelayan

badada
pemburu

dadadada
pelukis

dadababa
bakeri

papa!
juruelektrik

babababa
pembangun

bababa
jurutera

dadababa
penjual daging

dadadada
tukang paip

bababa
posmen

dadadada

askar

ba

arkitek

dadaba

juruwang

bababa

kedai bunga

babadada

pendandan rambut

bababa

konduktor

dadaba

mekanik

dada

kapten

badada

doktor gigi

ba

ahli sains

bababa

tuhanku

dadaba

imam

dada

sami

dadadada

paderi

dada
alat

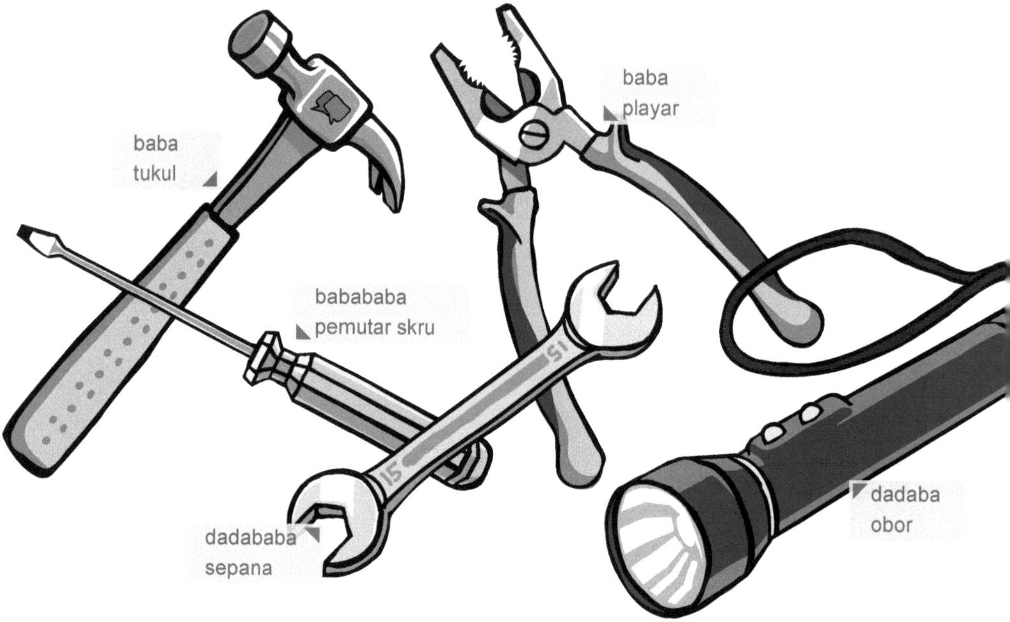

baba
playar
baba
tukul
babababa
pemutar skru
dadababa
sepana
dadaba
obor

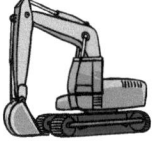

dadaba

pengorek

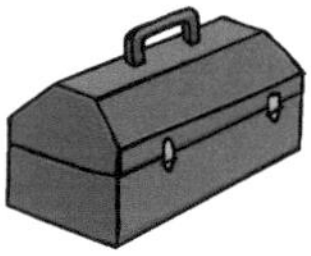

baba

kotak peralatan

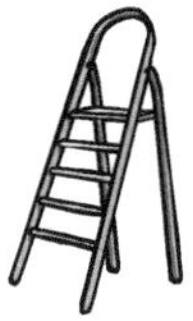

babababa

tangga

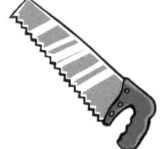

dadaba

gergaji

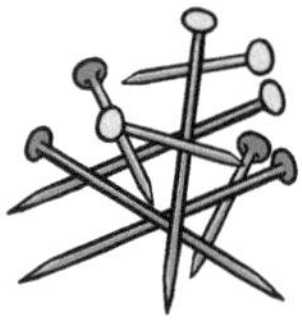

babadada

kuku

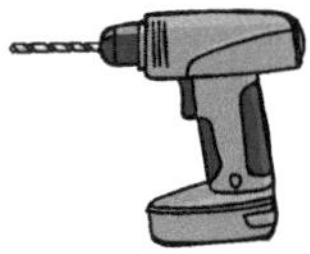

dada

gerudi

dadababa
baiki

dada
penyodok

aua!
Celaka!

dada
penadah sampah

dadaba
periuk cat

bababababa
skru

bababa
alat muzik

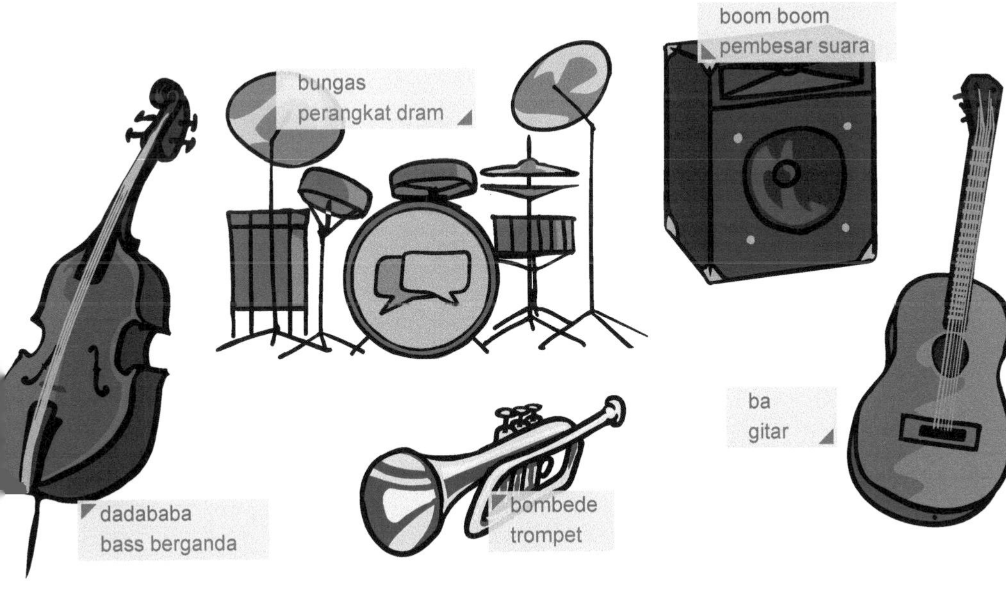

boom boom
pembesar suara

bungas
perangkat dram

ba
gitar

dadababa
bass berganda

bombede
trompet

bingbing

piano

bababa

biola

ba

bass

badada

timpani

bunga bunga

dram

badada

papan kekunci

dadababa

saksofon

dadababa

seruling

dadadada

mikrofon

dada mau
harimau

baba
pintu masuk

bababa
sangkar

dadababa
zebra

babadada
makanan haiwan

dada
panda

dadadada

haiwan

bababa

gajah

dadaba

kanggaru

babadada

badak sumbu

dada

gorila

babababa

beruang

dadaba

unta

gackgack

burung unta

babadada

singa

dadaba

monyet

gackgack

flamingo

bababa

nuri

bababa

beruang kutub

dada

penguin

bababa

yu

dadaba

merak

badada

ular

babababa

buaya

dadadada

penjaga zoo

dada

anjing laut

bababa

jaguar

ei!

kuda

dadadada

harimau

dada

badak air

babababa

zirafah

bababa

helang

babadada

babi jantan

nom nom!

ikan

dadadada

penyu

anje

anjing laut

dadadada

musang

bababa

rusa

dadababa
bola sepak Amerika

dadaba
berbasikal

bum bum
tenis

ball
bola keranjang

badada
renang

aua!
tinju

baba
hoki ais

dadadada
bola sepak

badada
badminton

dadababa
olahraga

ball
bola baling

dadadada
ski

baba
polo

dada
lompat

bababa
peluk

baba
ketawa

dada
berjalan

dadababa
menyanyi

dadababa
mimpi

dadadada
berdoa

mama!
cium

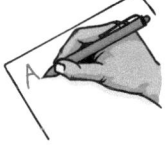

dadaba

tulis

dada

lukis

dadababa

tunjuk

dada

tolak

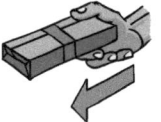

badada

beri

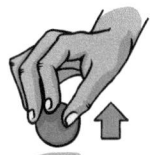

dadaba

ambil

dadaba

ada

dadadada

buat

babadada

ialah

dadadada

berdiri

baba

lari

dadababa

tarik

dadadada

buang

dadaba

jatuh

badada

tipu

dadaba

tunggu

bababa

bawa

ba

duduk

dadababa

pakai

heia!

tidur

bababa

bangkit

bababa

lihat pada

baaaaaa

menangis

dadadada

strok

bababa

sikat

bababa

cakap

baba

faham

badada

tanya

dadababa

dengar

bababa

minum

nomnom!

makan

badada

mengemas

ba

sayang

badada

masak

dadababa

pandu

dadadada

terbang

dadababa

belayar

dadababa

kira

dadadada

baca

dadababa

belajar

dadaba

kerja

baba

nikah

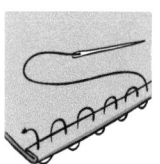

dada

jahit

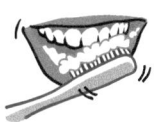

aua!

memberus gigi

aua!

bunuh

dadababa

asap

babababa

hantar

oma!
nenek

opa!
datuk

papa!
bapa

mama!
ibu

bebi
bayi

ba
anak perempuan

badada
anak lelaki

baba
tetamu

ba
mak cik

bababa
pak cik

nein!
abang

nein!
kakak

bababa
dahi

dada
mata

bababa
bahu

dada
jari

dada
muka

dadababa
dagu

baba
tangan

da
dada

dadaba
kaki

bababa
lengan

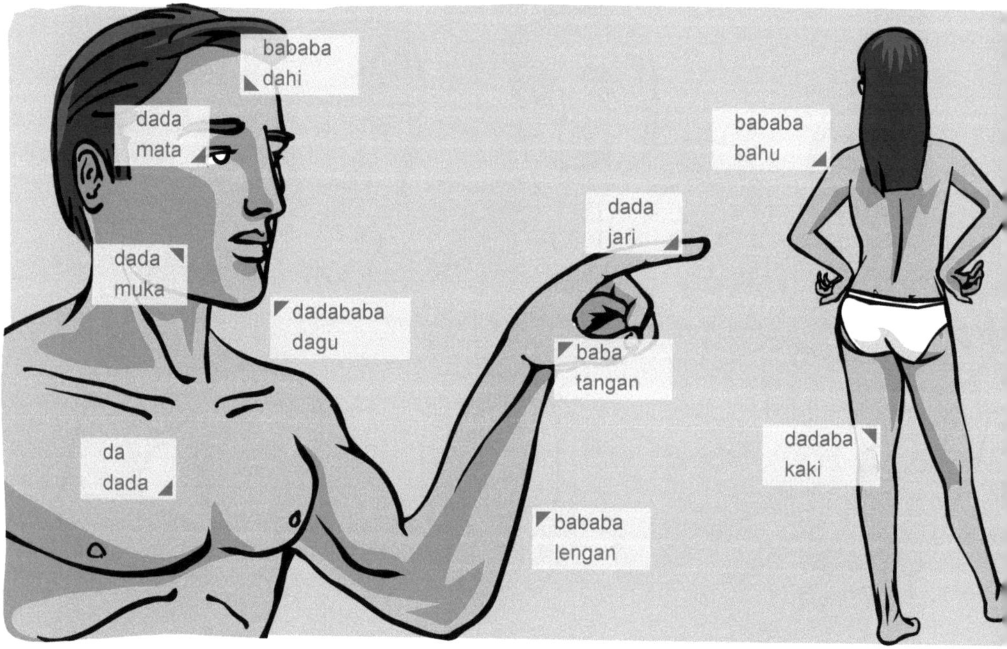

bebi
bayi

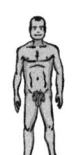

papa!
lelaki

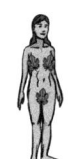

mama
wanita

baba
perempuan

babadada
lelaki

bababa
kepala

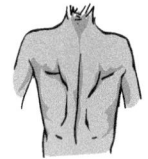

baba

belakang

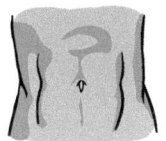

dadababa

bawah perut

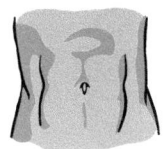

dada

pusat

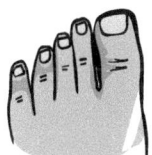

dadababa

jari kaki

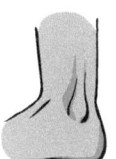

ba

tumit

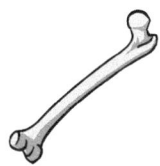

badada

tulang

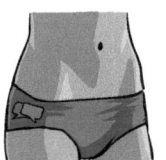

bababa

pinggul

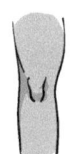

dada

lutut

dadadada

siku

bababa

hidung

popo

bawah

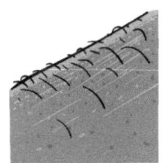

dadaba

kulit

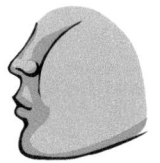

badada

pipi

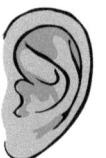

dada

telinga

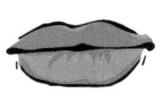

babababa

bibir

dadababa

mulut

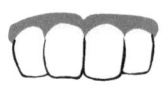

dadadada

gigi

baba

lidah

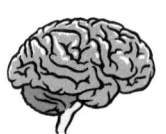

dadadada

otak

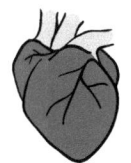

baba

hati

dada

otot

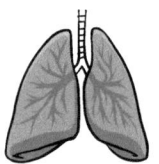

dada

paru-paru

dada

hati

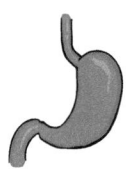

dadababa

perut

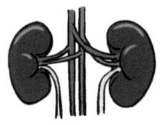

dadaba

buah pinggang

babadada

seks

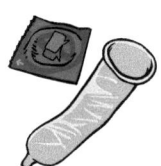

dada

kondom

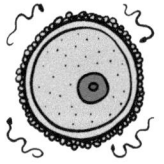

badada

faraj

dadababa

mani

dadababa

mengandung

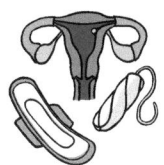

ba
....
haid

mumu
....
faraj

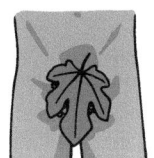

pipi
....
penis

dada
....
kening

dadababa
....
rambut

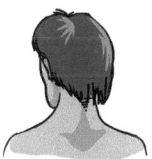

bababa
....
leher

aua!
hospital

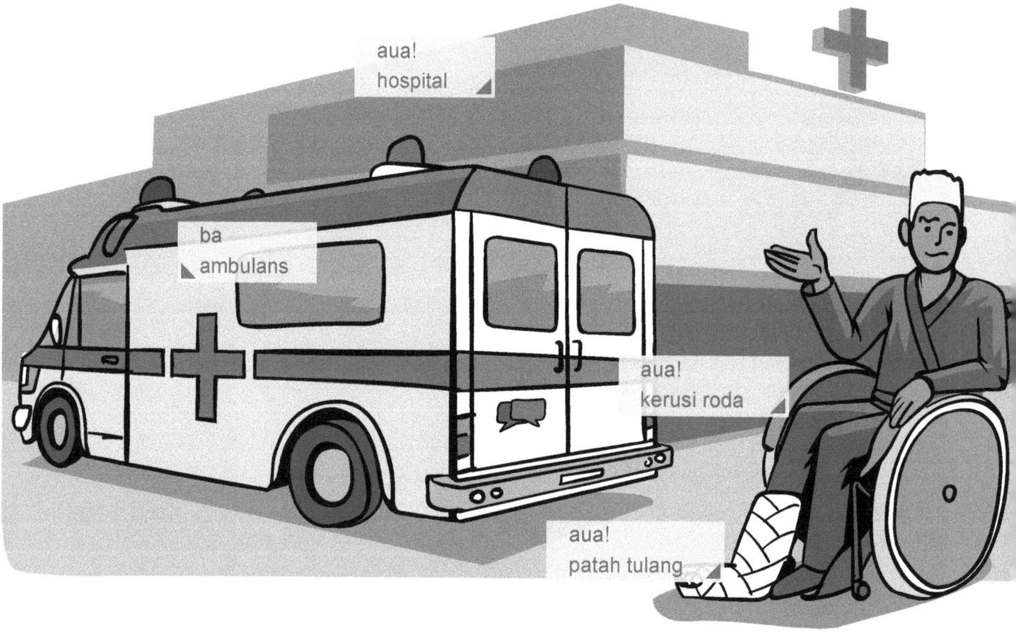

ba
ambulans

aua!
kerusi roda

aua!
patah tulang

aua!

doktor

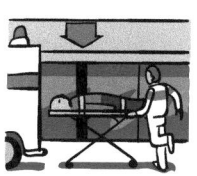

aua!

bilik kecemasan

aua!

jururawat

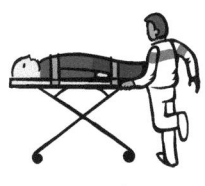

aua!

kecemasan

aua!

tak sedar

dadababa

sakit

aua!

kecederaan

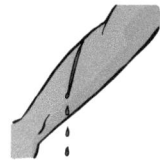

dadadada

pendarahan

aua!

serangan jantung

aua!

strok

dadababa

alergi

aua!

batuk

aua!

demam

aua!

selesema

aua!

cirit-birit

aua!

sakit kepala

aua!

kanser

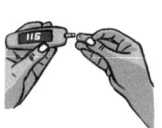

aua!

diabetes

aua!

pakar bedah

aua!

pisau bedah

aua!

pembedahan

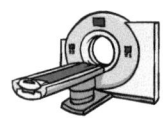

aua!

CT

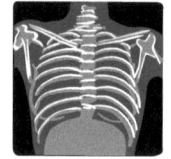

aua!

x-ray

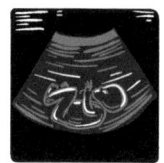

aua!

ultrabunyi

aua!

topeng muka

aua!

penyakit

aua!

bilik menunggu

aua!

penongkat

aua!

plaster

dadababa

pembalut

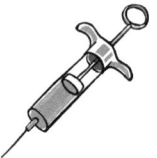

aua!

suntikan

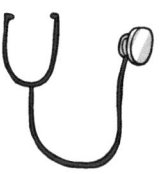

aua!

stetoskop

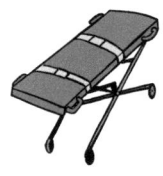

aua!

pengusung

aua!

termometer klinik

aua! bebi!

kelahiran

aua!

berat badan berlebihan

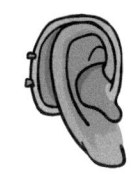

aua!
alat pendengaran

aua!
disinfektan

aua!
jangkitan

aua!
virus

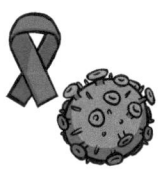

aua!
HIV / AIDS

aua!
perubatan

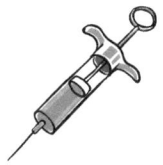

aua!
vaksinasi

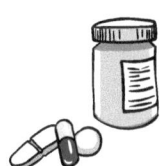

aua!
tablet

dadaba
pil

aua!
panggilan kecemasan

aua!
pantau tekanan darah

da / ba
sakit / sihat

aua!

Tolong!

aua!

penggera

aua!

serang

aua!

serangan

aua!

bahaya

dadadada

pintu kecemasan

dadaba

Api!

dadaba

alat pemadam api

aua! aua!

kemalangan

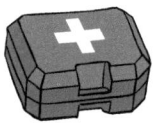

aua!

alat pertolongan cemas

baba

SOS

dadadada

polis

badada

Eropah

dadaba

Amerika Utara

dadababa

Amerika Selatan

dadaba

Afrika

dadaba

Asia

babababa

Australia

badada

Atlantic

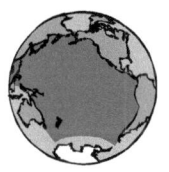

dadaba

Pasifik

baba

Lautan Hindi

bababa

Lautan Antartik

dadababa

Lautan Artik

bababa

Kutub utara

dadababa

Kutub Selatan

dadaba

Antartika

dada

bumi

dadaba

tanah

badada

laut

dadadada

pulau

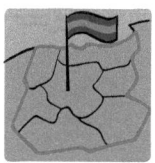

dadadada

negara

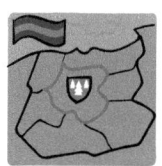

dadababa

negeri

dada - bumi

baba

muka jam

babadada

tangan jam

baba

tangan minit

bababa

terpakai

dadababa

Jam berapa sekarang

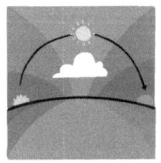

babadada

hari

dada

masa

baba

sekarang

dadababa

jam digital

dadababa

minit

bababa

jam

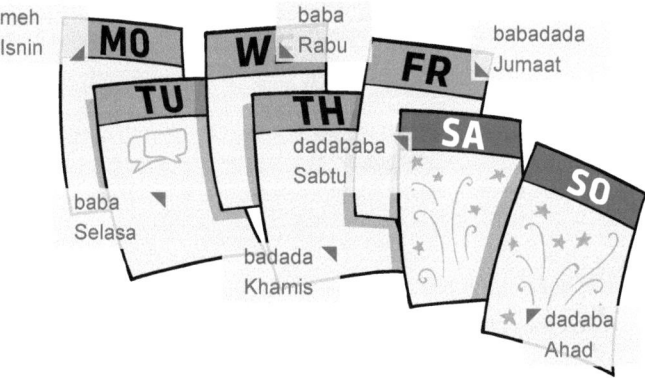

meh
Isnin

baba
Rabu

babadada
Jumaat

dadababa
Sabtu

baba
Selasa

badada
Khamis

dadaba
Ahad

dadadada

semalam

dadababa

hari ini

dadaba

esok

baba

pagi

baba

tengah hari

dadadada

petang

dada

hari kerja

baba

hari minggu

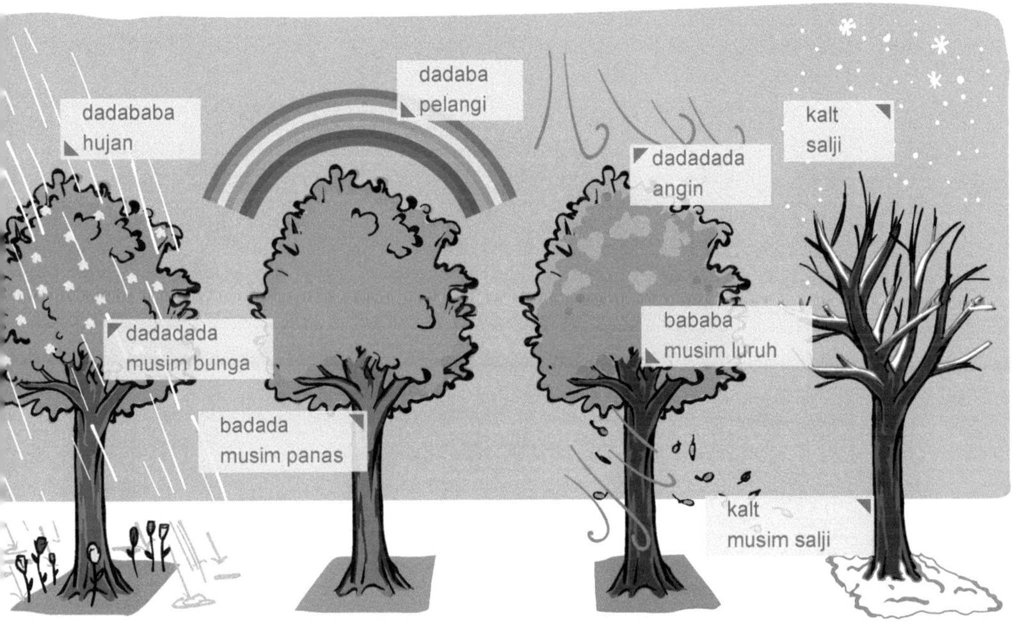

dadababa
hujan

dadaba
pelangi

kalt
salji

dadadada
angin

dadadada
musim bunga

bababa
musim luruh

badada
musim panas

kalt
musim salji

dadababa

ramalan cuaca

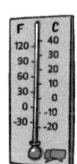

bababa

termometer

ba

sinar matahari

baba

awan

dadadada

kabus

dada

lembapan

dadababa

kilat

dada

petir

badada

ribut

dadababa

hujan batu

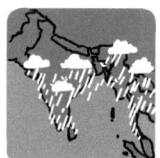

bababa

monsun

dadaba

banjir

dadadada

ais

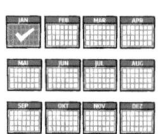

dadaba

Januari

dadaba

Februari

bababa

Mac

dadadada

April

dadadada

Mei

babababa

Jun

baba

Julai

bababa

Ogos

dadadada
....
September

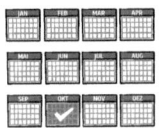

badada
....
Oktober

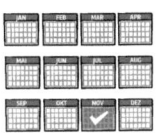

dadababa
....
November

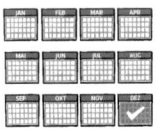

baba
....
Disember

dadababa
bentuk

baba
....
bulatan

badada
....
petak

dadababa
....
segi empat tepat

bababab
....
segitiga

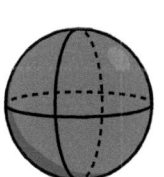

dadadada
....
sfera

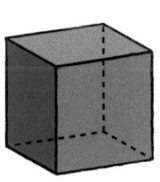

bababab
....
kiub

dadababa

putih

babababa

kuning

baba

oren

dadadada

merah jambu

babadada

merah

dadababa

ungu

dadadada

biru

ba

hijau

baba

coklat

bababa

kelabu

badada

hitam

da / ba

banyak / sedikit

da / ba

marah / tenang

da / ba

cantik / hodoh

da / ba

bermula / tamat

da / ba

besar kecil

da / ba

terang / gelap

da / ba

abang / kakak

da / ba

bersih / kotor

da / bada

lengkap / tidak lengkap

da / ba

hari / malam

da / ba

mati / hidup

da / ba

luas / sempit

da / ba

boleh dimakan / tidak boleh dimakan

da / ba

jahat / baik

ba / ba

teruja / bosan

da / ba

gemuk / kurus

ba / ba

pertama / terakhir

da / bada

kawan / musuh

da / ba

penuh / kosong

da / ba

keras / lembut

da / ba

berat / ringan

da / bada

lapar / dahaga

da / ba

sakit / sihat

da / ba

menyalahi undang-undang / undang-undang

da / ba

pintar / bodoh

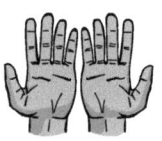

ba / ba

kiri / kanan

da / ba

dekat / jauh

dadadada - berlawanan

da / bada

baru / lama

da / ba

tiada / sesuatu

ba / ba

tua / muda

da / ba

hidup / mati

da / ba

terbuka / tertutup

da / ba

diam / bising

ba / ba

kaya / miskin

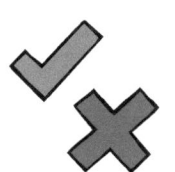

da / ba

betul / salah

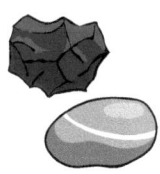

da / ba

kasar / halus

ba / ba

sedih / gembira

da / ba

pendek / panjang

da / ba

lambat / laju

da / bada

basah / kering

da / bada

panas / sejuk

da / ba

berperang / berdamai

0

dada

sifar

1

a

satu

2

ba

dua

3

da ba da

tiga

4

badabada

empat

5

dadababa

lima

6

dadaba

enam

7

badada

tujuh

8

dadababa

lapan

9

dadaba

sembilan

10

dadadada

sepuluh

11

badada

sebelas

12
baba
dua belas

13
bababa
tiga belas

14
baba
empat belas

15
babadada
lima belas

16
dadababa
enam belas

17
babababa
tujuh belas

18
dadababa
lapan belas

19
bababa
Sembilan belas

20
dadababa
dua puluh

100
baba
ratus

1.000
baba
ribu

1.000.000
dadababa
juta

baba

Bahasa Inggeris

babadada

Bahasa Inggeris Amerika

dadababa

Bahasa Cina Mandarin

ba

Bahasa Hindi

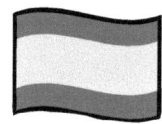

badada

Bahasa Sepanyol

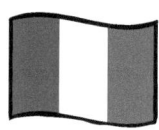

ohlala

Bahasa Perancis

babadada

Bahasa Arab

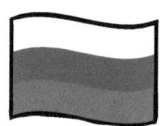

dadaba

Bahasa Rusia

dada

Bahasa Portugis

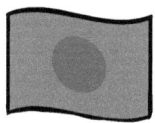

dadadada

Bahasa Benggali

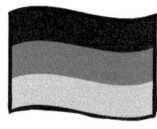

badada

Bahasa Jerman

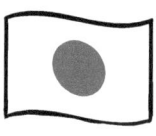

dadadada

Bahasa Jepun

a

saya

dadadada

anda

da / da / da

dia / dia / ia

o ba ma

kita

babababa

anda

baba

mereka

dadadada

siapa?

dadadada

apa?

baba

bagaimana?

babababa

di mana?

babadada

bila?

dadaba

nama

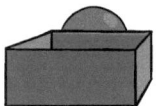

baba

belakang

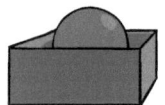

dadaba

dalam

baba

di hadapan

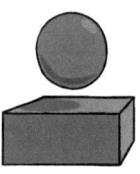

ba

lebih

baba

pada

dadababa

di bawah

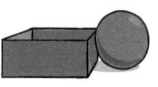

babababa

bersebelahan

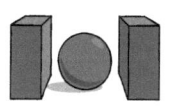

ba

antara

dada

tempat